PAUL BILHAUD

GUSTAVE!

Comédie de salon en 1 acte

JOUÉE A PARIS PAR

COQUELIN aîné et **COQUELIN** cadet

(de la Comédie-Française)

Prix : 1 franc

PARIS

LIBRAIRIE THÉATRALE

14, RUE DE GRAMMONT, 14

MDCCCLXXXIV

GUSTAVE!

Comédie en un acte

PAUL BILHAUD

GUSTAVE!

Comédie de salon en 1 acte

JOUÉE A PARIS PAR

COQUELIN aîné et **COQUELIN** cadet

(de la Comédie-Française)

PARIS

LIBRAIRIE THÉATRALE

11, RUE DE GRAMMONT, 11

—

M D CCC LXXXIV

PERSONNAGES

—

Gontran . . . . MM. Coquelin aîné.

Gaston. . . . .   Coquelin cadet.

(A Paris, de nos jours)

GUSTAVE !

Un salon — table — chaises — un journal — une bourse et une lettre sur la table

SCÈNE PREMIÈRE

GASTON (à la cantonade)

Très bien.... j'attendrai, Mademoiselle. (Il entre.) Elle est très jolie cette soubrette ; je l'appelle Mademoiselle pour la flatter, car j'aurai peut-être besoin d'elle. (Examinant.) C'est très bien ici... M. Malenvers est très bien aussi... sa femme aussi très bien... leur fille... oh ! leur fille !... trop bien !... Oui, c'est pour cela que j'ai l'aplomb de me présenter aujourd'hui chez ses parents. Le père est avocat, c'est parfait. Je viens le consulter pour un procès... imaginaire, et je lui parle de sa fille ; nous trouverons le procès plus tard ; au besoin j'en ferai un à quelqu'un, à mon propriétaire, par exemple. Le locataire du troisième a un perroquet qui dit toujours la même chose, c'est agaçant ; voilà mon affaire. Il y a trois jours, j'étais au bal chez Mme de Grisperle. Je valse avec une taille adorable, surmontée d'épaules charmantes, surmontées elles-mêmes d'une tête délicieuse, le tout couronné de dix-huit printemps. On devine la suite : Informations adroites du nom des parents, demeure, profession, etc..., etc..., et voilà comment j'attends que M. Malenvers soit revenu du Palais pour poser ma candidature à la main de sa fille Régina !... Elle s'appelle Régina ! C'est plein d'un parfum italien ce nom-là ! Régina !... Il est en retard, mon futur avocat... Abimons-nous dans la lecture de ce journal.

(Gontran entre.) Quelqu'un ! C'est lui... non, un étranger, un plaideur, sans doute, celui-là... (Il s'assied dans un coin et lit un journal.)

SCÈNE II.

GASTON, GONTRAN

GONTRAN (parlant au dehors.)

J'attendrai... très bien, Mademoiselle. (Redescendant. — A part.) Elle est gentille, cette soubrette. Je lui dis Mademoiselle pour la flatter, car j'aurai peut-être besoin d'elle dans mon entreprise. (Voyant Gaston.) Ah !... Il parait que j'ai le numéro 2. Un plaideur celui-là, sans doute.

GASTON (à part, regardant Gontran.)

Il me semble que j'ai déjà vu cette figure quelque part.

GONTRAN (à part)

Qu'est-ce que je vais lui dire, à M. Malenvers ? Je

n'ai pas de procès, moi ! Enfin, l'Amour m'inspirera. (Regardant Gaston.) Où diable ai-je donc rencontré ce Monsieur ? (Gaston le regarde. Ils se saluent.) Fort poli. C'est un homme d'un monde quelconque.

GASTON (à part)

Voilà un Monsieur bien élevé au moins.

GONTRAN (examinant la pièce, à part)

C'est très bien ici, très, très bien, maison bien tenue. Et puis... Régina ! Quel joli nom ! Régina !

GASTON (regardant Gontran, à part)

Il parle tout seul ; sans doute qu'il prépare ses arguments. Dire qu'il y a des gens qui plaident en ce monde !

GONTRAN (même jeu)

Encore une victime de la chicane ! Pauvre jeune homme ! Il y a pourtant des gens qui perdent leur temps en procès ! (Gaston le regarde. — Ils se saluent.) Voilà un plaideur bien poli ; il ne doit pas être dans son droit, cet homme-là.

GASTON (même jeu)

Qu'est-ce qui peut bien amener ce malheureux ici ? Un procès en séparation peut-être ? Oh ! il est bien jeune pour cela... pas marié évidemment... (Tout à coup.) Hein !... Pas marié ?... Ah ! je suis bête ; il n'a pas été au bal de Mme de Grisperle : et pourtant cet inconnu ne m'est pas étranger. Enfin !

GONTRAN (à part)

Voyons, qu'est-ce que je pourrais bien raconter à M. Malenvers qui ait une apparence de vérité ?

GASTON (observant Gontran, à part)

C'est égal, il est bien mis, pour un client de Thémis... des gants... hum !... Si c'était... Engageons la conversation. (Il se lève. — Toussant.) Hum ! hum!

GONTRAN (à part)

Il est enrhumé.

GASTON (fredonnant)

Tra la la la...

GONTRAN (à part)

Et gai par dessus le marché. (Observant Gaston, qui se promène en sautillant d'un pied sur l'autre.) Où diable ai-je rencontré cette tournure-là ?... Si ce n'était pas un plaideur !... Oh !... je suis fou !

GASTON (se décidant à parler)

Un peu en retard, le grand avocat.

GONTRAN

En effet.

GASTON

Les affaires ! Les affaires !

GONTRAN

Les nombreuses affaires !

GASTON

Quel homme !

GONTRAN

Quel talent !

GASTON

Quel dentiste !

GONTRAN

Non, ça, c'est dans une pièce des Variétés.

GASTON

Oui, oui, tiens c'est vrai, je vous demande pardon.

GONTRAN

Il n'y a pas de mal.

GASTON

C'était pour vous montrer que je connaissais mes classiques.

GONTRAN (à part)

Ce doit être un plaideur.

GASTON (à part)

C'est un pédant. (Haut.) Oh ! les procès !

GONTRAN

Ne m'en parlez pas.

GASTON (vivement)

Vous ne plaidez pas ?

GONTRAN (vivement)

Si... si... Sapristi !... Je ne fais que ça.

GASTON

Comme moi. J'ai déjà mangé plus de... mille **francs.**

GONTRAN

Ce n'est pas beaucoup

GASTON (à part)

Ce n'est pas assez ! (Haut) Vous trouvez que ce n'est rien... Cent mille francs ?

GONTRAN

Vous aviez dit mille francs.

GASTON

Vous aviez mal entendu. Cent mille francs, cent mille.

GONTRAN (à part)

C'est un gros plaideur.

GASTON

Et je viens trouver aujourd'hui Monsieur Malenvers.

GONTRAN (le reprenant)

Maitre... Malenvers, on dit maitre quand les **gens**
ont une toque.

GASTON

Oui, maitre Malenvers. (A part.) Il a l'habitude **du**
barreau.

GONTRAN

Vous avez une nouvelle affaire ?

GASTON

Superbe !... Avec mon propriétaire.

GONTRAN

Ah ! (A part.) Il faut que je trouve quelque **chose,**
moi.

GASTON

A propos d'un perroquet.

GONTRAN

Vous dites ?

GASTON

A propos d'un perroquet... Un vieux cacatoës **de**
l'ancien régime, qui crie toute la journée : Vive **M. Du-**
pont !

GONTRAN

M. Dupont ?

GASTON

Oui, je ne sais pas qui c'est, mais cela m'agace, car j'ai
connu autrefois un Dupont qui a servi sous un gou-
vernement qui n'était pas dans mes opinions. Je vais
peut-être dépenser vingt mille francs dans cette affaire
là.

GONTRAN

Tant que ça ?

GASTON

Oui, au moins.

GONTRAN

Pour un perroquet !... Et où voulez-vous en arriver ?

GASTON

Où je veux en arriver ? A ce qu'on oblige ce perroquet à crier : Vive M. Durand !

GONTRAN

Ah ! M. Durand est dans vos opinions ?

GASTON

Entièrement. Et, en politique, il faut se soutenir, je
ne connais que ça.

GONTRAN

Vous avez bien raison. Mais si votre perroquet re-
fuse ?

GASTON (d'un ton féroce)

Alors, la cour d'assises et l'échafaud ! Je n'en démor-
drai pas.

GONTRAN (d'un ton conciliant)

Oh ! un peu de persil...

GASTON

Non, c'est banal... et ça peut rater.

GONTRAN

Sapristi ! Quel homme vous faites !

GASTON

Nous sommes tous comme ça dans la famille.

GONTRAN

Et vous êtes beaucoup ?

GASTON

Je suis fils unique.

GONTRAN

Ah ! très bien. (A part.) Il est légèrement idiot, ce garçon-là.

GASTON

Et vous, sans indiscrétion, votre affaire ?

GONTRAN (embarrassé)

Oh ! moi, je...

GASTON

Vous hésitez ? Ne vous gênez pas, la discrétion...

GONTRAN

Non, je n'hésite pas. Moi, ce n'est pas un perroquet qui m'amène chez Monsieur Malenvers.

GASTON (le reprenant à son tour.)

Pardon... Maitre Malenvers ; on dit maitre quand les gens sont toqués. (A part.) Je te ferai voir que je m'y connais.

GONTRAN

Oui, maitre Malenvers. (A part.) **Il est très fort en** droit. (Haut.) Non, moi c'est pour un... **Comment vous** dirai-je ? un...

GASTON

Vous êtes embarrassé ?

GONTRAN (vivement.)

Mais pas du tout ! Seulement... C'est tellement bizarre... pour un... une... une dent.

GASTON

Une dent?

GONTRAN

Oui, une molaire... une bonne... que mon dentiste m'a arrachée pour une mauvaise.

GASTON

Oh ! oh ! voilà une cause intéressante !

GONTRAN

Je crois bien !

GASTON

Et où voulez-vous en arriver, vous ?

GONTRAN

A ceci : Que le dentiste me remette en place la bonne dent qu'il m'a arrachée à tort, ou qu'il me bonifie la mauvaise, je ne sortirai pas de là.

GASTON

Le tribunal non plus.

GONTRAN

Toute la chirurgie va s'en mêler, les journaux vont en parler.

GASTON

Vous allez vous rendre la mâchoire célèbre.

GONTRAN

Tout simplement.

GASTON

Comme Samson.

GONTRAN

Comme... Ça n'est pas la même chose.

GASTON

Non, l'avantage est pour vous, car vous vous servez
de la vôtre. (A part.) C'est étonnant comme la manie
de plaider rend les gens stupides.

GONTRAN

Mais je compte sur maître Malenvers, pour me
faire rendre justice.

GASTON

Et votre dent.

GONTRAN

Et ma dent... quoique je n'y tienne pas absolument,
mais, c'est pour le principe.

GASTON

Vous avez bien raison.

GONTRAN

Et il me la fera rendre. Quel homme ! Quel talent !

GASTON (aimable)

On pourrait même dire quel dentiste !

GONTRAN

Oui dans la circonstance, ce serait un mot !

GASTON (modestement)

C'en est un. Il y a longtemps que vous connaissez maître Malenvers ?

GONTRAN

Oh ! non ! je l'ai rencontré à un bal chez Mme de Grisperle.

GASTON (à part)

Hein ? (Haut) Au dernier ? J'y étais.

GONTRAN (à part)

Hein ? (Haut.) Ah ! bah ?

GASTON

Oui, je... (A part.) J'ai dit une bêtise.

GONTRAN (à part)

Oh ! oh ! méfions-nous.

GASTON

J'y étais... pour affaires.

GONTRAN

Vraiment ? A un bal ?

GASTON (à part)

Deuxième boulette. (Haut.) Oui, une affaire de... bonnets de coton...

GONTRAN

Allons donc !

GASTON

En gros. (A part.) Je ne dis que des bêtises. (Haut.)
vous y étiez comme danseur, vous ?

GONTRAN

Mon Dieu non, je... j'y étais comme second piston.

GASTON

On n'a dansé qu'au piano.

GONTRAN

Oui, je sais bien... mais je m'étais dit si le piano
ne va pas... un second piston ça se place facilement...
et ça peut rendre beaucoup de services... alors... voilà...
vous comprenez ?

GASTON

Oui, oui, parfaitement. (A part.) Hé ! prenons garde.

GONTRAN (à part)

Tâtons le terrain d'un autre côté. (Haut) Il est marié,
il parait ?

GASTON (étourdiment)

Oui, une femme charmante.

GONTRAN (vivement)

Vous la connaissez ?

GASTON

Non... je... vaguement... on dit même qu'il a une
fille.

GONTRAN (étourdiment)

Adorable !

GASTON (vivement)

Ah ! vous la...

GONTRAN

Non... je... vaguement aussi, très vaguement.

GASTON (à part)

Il se trouble ! Plus de doute.

GONTRAN

Une brune ?

GASTON

Non, une blonde.

GONTRAN

Ah ! vous savez ?

GASTON

Moi, rien. J'ai un de mes amis, dont 'a ta re...
alors... mais moi, je ne la conrais pas.

GONTRAN (à part)

Je commence à croire que ce n'est pas un plaideur.

GASTON (à part)

Détournons. (Haut.) Vous me permettez de rassembler quelques notes pour...

GONTRAN

Pour votre perroquet ?

GASTON

Justement ; pour lui prouver qu'il est dans son tort en criant : Vive M. Durand !

GONTRAN (étonné)

Dupont, vous voulez dire.

GASTON

Non, non, Durand.

GONTRAN

Pardon, vous me disiez tout à l'heure qu'il criait : Vive M. Dupont !

GASTON

Dupont, oui.

GONTRAN

Et maintenant, vous prétendez que c'est Durand.

GASTON

Durand, oui.

GONTRAN

Non, Dupont.

GASTON

Oui, Dupont.

GONTRAN

Voyons, voyons ; Durand...

GASTON

Oui, Durand.

GONTRAN

Vous vous embrouillez.

GASTON

Mais pas du tout.

GONTRAN

Enfin qu'est-ce qu'il crie, votre perroquet ? Dupont ou Durand ?

GASTON

Oui, Dupont et Durand.

GONTRAN

Les deux ? Alors, pourquoi plaidez-vous ?

GASTON

Pourquoi? parce que je veux qu'il se taise !

GONTRAN (à part)

Non, décidément ce gaillard-là ne vient pas pour plaider.

GASTON (à part)

Les Dupont et les Durand ont dû lui donner des doutes sur ma qualité.

GONTRAN (à part)

Si ce n'est pas un plaideur, ce ne peut être qu'un amoureux. Tâchons de l'éloigner. (Haut.) Permettez-moi, Monsieur, de vous donner un conseil.

GASTON

Un conseil ?

GONTRAN

Oui, d'après ce que vous m'avez dit tout à l'heure, votre affaire est très embrouillée, et maître Malenvers n'en viendra jamais à bout.

GASTON (à part)

Je te vois venir.

GONTRAN

Maître Malenvers est un bon avocat, sans doute, mais qui a de fréquentes faiblesses.

GASTON

Vraiment ?

GONTRAN

Vous l'ignoriez ? Mais ce qu'il a perdu de causes, et
de bonnes causes, est incalculable.

GASTON

Allons donc ?

GONTRAN

Il parle d'une façon merveilleuse...

GASTON

Eh bien alors ?

GONTRAN

Chez lui... dans le silence du cabinet, mais au
barreau, il se trouble, balbutie et finalement en arrive
à plaider contre son propre client.

GASTON

Comment, vous saviez tout cela, et vous venez le
prier d'être votre avocat ?

GONTRAN

Pardon, je... (A part.) Je suis pincé. (Haut.) C'est-à-
dire... mais vous-même, Monsieur ?

GASTON

Ah ! moi, permettez...

GONTRAN (se montant)

Eh ! après tout, je ne suis pas de votre avis à ce sujet.

GASTON

C'est vous même qui me disiez...

GONTRAN

Pas le moins du monde. M. Malenvers est un homme fort estimable... Vous en doutez ?...

GASTON

Mais...

GONTRAN.

Sa femme est charmante et sa fille aussi.

GASTON

Vous la connaissez donc ?

GONTRAN

Oui, Monsieur.

GASTON

Eh bien, moi aussi, Monsieur.

GONTRAN

Pas aussi bien que moi.

GASTON

Je vous demande pardon.

GONTRAN

Vous n'êtes donc pas un plaideur ?

GASTON

Pas plus que vous, il paraît ?

GONTRAN

A la bonne heure, au moins, nous jouons carte sur table.

GASTON

Et je vois avec plaisir que vous avez encore toutes vos dents.

GONTRAN

De même que vous n'avez plus votre perroquet de l'ancien régime, vous.

GASTON

Ce n'est pas à l'avocat que vous rendiez visite, mais au père de Mlle Régina.

GONTRAN

Justement. — Et je m'aperçois que nous sommes ici dans la même intention.

GASTON

Oui, mais, par bonheur, j'ai le numéro un, ce qui me donne un avantage.

GONTRAN

Le droit de priorité est bon dans une consultation, , mais pour une visite, nous marchons de pair.

GASTON

Je suis arrivé le premier, je parlerai le premier.

GONTRAN

Pas du tout.

GASTON

Si du tout !

GONTRAN

Eh bien, nous ne parlerons ni l'un ni l'autre.

GASTON

Ah ! pardon.

GONTRAN

Alors, nous parlerons tous les deux ensemble.

GASTON

Comme vous voudrez.

GONTRAN

Le vainqueur sera celui qui criera le plus fort, voilà tout.

GASTON (haussant la voix)

Sous ce rapport-là, Monsieur...

GONTRAN (même jeu)

Je ne vous crains pas, Monsieur !

GASTON (même jeu crescendo)

Vous ne me faites pas peur, Monsieur !

GONTRAN (idem)

Ni vous non plus, Monsieur !

GASTON (idem)

Et nous verrons tout à l'heure, Monsieur !

GONTRAN (idem)

Parfaitement oui, Monsieur !

GASTON (voix naturelle)

Alors inutile de vous fatiguer d'avance.

GONTRAN (voix naturelle)

C'est aussi mon avis.

GASTON

Le grand point, d'ailleurs, dans tout ceci, est de savoir qui, de nous deux, plait à Mlle Régina.

GONTRAN

C'est moi, Monsieur.

GASTON

Bien entendu ; moi aussi.

GONTRAN

Vous avez valsé combien de fois avec elle, l'autre soir ?

GASTON

Trois fois.

GONTRAN

Moi, quatre... et cinq polkas.

GASTON

Moi, huit.

GONTRAN

Et comme scottishs ?

GASTON

Toutes !

GONTRAN

Ah ? justement on n'en a pas dansé.

GASTON

C'est possible ; je ne les avais pas moins retenues.

GONTRAN

Cela ne vous donne aucun avantage sur moi.

GASTON

Passons. J'ai eu l'honneur de ramasser deux fois son mouchoir.

GONTRAN

Moi, deux fois celui de sa mère.

GASTON

Ce n'est pas la même chose.

GONTRAN

Je m'en applaudis.

GASTON

Vous voulez épouser la mère ?

GONTRAN

Non, mais je la flatte pour avoir la fille.

GASTON

Passons. J'ai eu le plaisir d'aller avec elle trois fois au buffet.

GONTRAN

Moi aussi... et quatre fois tout seul.

GASTON

Je suis parvenu à lui faire prendre du champagne... qu'elle n'aime pas.

GONTRAN

Et moi des sandwich... qu'elle déteste.

GASTON

Comme souvenir de moi, elle a emporté trois épingles, dont une noire, qui ont servi à fixer un volant.

GONTRAN

Sous ce rapport-là, je n'ai pas à me plaindre, elle
est partie avec un accroc dans le bas de sa robe où
j'ai eu l'honneur d'enfoncer mon pied.

GASTON

Joli souvenir !

GONTRAN

Qui durera, sans doute, plus longtemps que vos
trois épingles, dont une noire.

GASTON (impatienté)

Ah ! (Apercevant la bourse sur la table. A part.) Oh ! (Haut).
Enfin, Monsieur, tenez, (il prend la bourse) vous me
forcez à vous montrer une chose dont ma modestie
aurait voulu ne pas parler.

GONTRAN

Cette bourse que vous venez de prendre sur cette
table ?

GASTON

Vous ne supposerez donc pas qu'elle était préparée.
Eh bien, regardez.

GONTRAN

Une initiale brodée ?

GASTON (très fat)

A mon intention, Monsieur, tout simplement un G...
Je me nomme Gaston.

GONTRAN

Vous me permettrez bien d'en prendre ma part, je
me nomme Gontran.

GASTON (furieux)

A la fin, Monsieur ! Je serais curieux de connaitre
votre nom de famille !

GONTRAN

J'allais vous faire la même question.

GASTON

Il y a un moyen bien simple.

GONTRAN

C'est de me donner votre carte.

GASTON

En échange de la vôtre. (Échange des cartes.)

GONTRAN

Voici.

GASTON

Très bien.

GONTRAN

Ce qui ne vous empêche pas de continuer à attendre.

GASTON

Certainement.
(Un temps. — Ils se promènent dans le salon. — Gaston prend un journal et s'apprête à lire.)

GONTRAN

Seriez-vous assez aimable pour me céder la moitié de votre journal ?

GASTON

Parfaitement. (Il déchire le journal en deux et en donne la moitié à Gontran.)

GONTRAN

Merci bien.

(Un temps. — Ils lisent chacun de leur côté.)

GASTON (lisant à part)

Tribunaux... Accidents. Mariage d'inclination. La fille d'un de nos plus célèbres avocats, Mlle Régina... (Parlé.) Hein !... Bon ! La suite est sur l'autre page.

GONTRAN (lisant à part)

Malenvers épouse Monsieur... (parlé.) Hein...? Qui
ça... Malenvers ? Allons bon, le commencement est
sur l'autre feuille. — Pardon, Monsieur, voudriez-vous
me prêter votre moitié de journal ?

GASTON

Comment donc, cher Monsieur.

GONTRAN

Trop aimable. (Il avance la main.)

GASTON (reculant)

Ah ! non, en échange de la vôtre.

GONTRAN

Un simple coup d'œil.

GASTON

Moi aussi.

GONTRAN

Alors traitons à l'amiable, rapprochons les deux
moitiés et lisons ensemble.

GASTON

C'est une idée.

(Ils rapprochent les feuilles et lisent très vite.)

Ensemble

La fille d'un de nos plus célèbres avocats, Mlle Ré-

gina Malenvers épouse M. Gustave Pierafeu.
(Ils se regardent et éclatent de rire.)

GASTON (prenant la bourse)

G. l'initiale brodée...

GONTRAN

C'était pour Gustave !

GASTON

Le troisième G !...

GONTRAN (regardant le journal)

Le mariage a eu lieu hier à midi.

GASTON

Et nous n'avons pas été prévenus !

GONTRAN

Parlez pour vous. Moi, je ne la connaissais pas.

GASTON

Ni moi.

GONTRAN

Vous lui avez pourtant fait prendre du Champagne...
qu'elle n'aime pas ?

GASTON

Eh bien, et vous avec vos sandwich... qu'elle
déteste ?

GONTRAN

Mijaurée !

GASTON

Pimbêche ! Est-ce que vous le connaissez, ce Pierafeu ?

GONTRAN

Mon Dieu... non.

GASTON

Moi non plus.

GONTRAN (d'un air dédaigneux)

Mais c'est un garçon qui...

GASTON (même jeu)

Oui, n'est-ce pas, c'est un garçon qui.

GONTRAN (affirmant)

Parfaitement.

GASTON

C'est lui.

GONTRAN

C'est bien lui.

GASTON

Entre nous, vous savez, c'est une chance que nous
n'ayons fait ce mariage ni l'un ni l'autre.

GONTRAN

Je crois bien, une personne capable d'épouser un
Pierafeu.

GASTON

C'est fini ! Elle est jugée !

GONTRAN

Là dessus je me sauve.

GASTON

Mais l'affaire de votre dent ?

GONTRAN

Ah ! oui ! Et vous, votre perroquet ?

GASTON

Diplomatie, tout simplement.

GONTRAN

Comme moi. En tous cas je ne regrette pas ma
consultation, puisqu'elle m'a fait faire votre connais-
sance, mon cher Gaston.

GASTON

Je vous en dirai autant, mon cher Gontran.
(Ils se serrent la main et remontent.)

GONTRAN (revenant)

Ah ! sapristi !

GASTON

Quoi donc ?

GONTRAN

Notre duel ?

GASTON

Notre duel ?

GONTRAN

Y tenez-vous beaucoup ?

GASTON

Et vous ?

GONTRAN

Mon Dieu, non.

GASTON

Je crois qu'il est inutile maintenant de nous battre.

GONTRAN

C'est assez mon avis, puisque depuis hier, midi, nous étions battus tous les deux.

GASTON (riant)

Battus... mais contents.

GONTRAN (riant)

Oh! oui, très contents.

(On sonne)

GASTON

On a sonné ! C'est lui !

GONTRAN

Monsieur Malenvers ?

GASTON (riant)

Maître... Malenvers !

GONTRAN

Ah ! oui, les gens toqués.

GASTON

Sauvons-nous vite, car décidément nous ne sommes
pas faits pour la magistrature.

(Ils sortent.)

336 — Imprimerie Régionale, 7, Petite rue du Château, Dijon.
Directeur : J. CHEVALLIER

PIÈCES DE THÉATRE

Faciles à jouer en société

PIÈCES A DEUX PERSONNAGES

	Hommes.	Femmes.	Prix.
Averse (L'), comédie	1	1	1 » »
Catiche et Gribiche, pièce enfantine	»	2	1 » »
Contrabandistas (Los), bouffonnerie musicale	2	»	1 » »
Douche (La), comédie	1	1	1 » »
Enveloppe (L'), comédie	»	2	1 50
Estelle au Lansquenet	2	»	1 » »
Gustave, comédie	2	»	1 » »
Huit jours de ménage, saynette	1	1	1 » »
Intrigue au Bal (L') comédie	»	2	1 » »
Lycéenne (La), comédie	1	1	1 » »
Malices perdues, comédie	1	1	1 » »
Roman d'un Notaire (Le), comédie	1	1	1 » »
Soirée du 16 (La), comédie	1	1	1 » »
Train n° 12 (Le)	1	1	1 » »

PIÈCES A TROIS PERSONNAGES

	Hommes.	Femmes.	Prix.
Bonnet de coton (Le), comédie	1	2	1 50
Cicatrice (La), saynète	1	2	1 » »
Clarinette mystérieuse (La), vaudeville	2	1	1 » »
Frasquita, opérette-bouffe	2	1	» 50
Lettres des anciennes (Les), scène de la vie conjugale	1	2	1 » »
Ninon et Ninette, vaudeville	2	1	1 » »
Papa de trente livres (Un), vaudeville	1	2	1 50
Les Petits Pois, comédie	2	1	1 » »
Rival pour rire, comédie	2	1	1 50
Tu ne l'auras pas, Nicolas, opérette	1	2	1 » »
Veuve Grapin, opéra-comique	2	1	1 50
26 et 60, comédie-vaudeville	2	1	1 » »

Imprimerie régionale, 7, Petite rue du Château, Dijon.

DIRECTEUR : J. CHEVALLIER